Triskell

T.1 - La Marque de l'Entre-Monde

Scénario :
Audrey ALWETT

Dessin :
Rémi TORREGROSSA

Couleurs :
Virginie BLANCHER

Couverture :
Rémi TORREGROSSA et Nicolas DEMARE

Elles sont trois reines-fées, trois sœurs morganes.
Chacune a reçu en héritage un morceau du Triskell légendaire
qui symbolise les forces de la Bretagne :
Mer, Vent et Terre. Mais dans la quête éternelle du pouvoir,
la guerre n'a pas tardé à éclater.

Jusqu'ici fées et humains vivaient dans deux mondes séparés.
Or, la reconstruction du Triskell marquerait l'unification des deux mondes.
Une unification, dont d'aucuns prédisent qu'elle serait destructrice...

Merci à Audrey et Rémi pour leur patience et leurs encouragements, merci à Tangi pour son aide,
et à Marianne pour son regard avisé et son soutien digne d'une pom-pom girl :)
Virginie

Merci à Audrey et Virginie.
Un grand merci à mon maître, Simon, pour tout ce qu'il m'a appris et pour sa présence sur chacune de ces pages.
Merci à Tof et à tous les gottferdomiens qui ont bien voulu porter un regard,
de près ou de loin, sur mon travail. Merci à mes parents pour leur soutien.
Rémi

www.soleilceltic.com

Une collection dirigée par Jean-Luc Istin

© MC PRODUCTIONS / ALWETT / TORREGROSSA
Soleil
15, Boulevard de Strasbourg
83000 Toulon - France

Soleil Paris
25, rue Titon - 75011 Paris - France

Conception et réalisation graphique : Studio Soleil

Dépôt légal : Mars 2010 - ISBN : 978-2-30200-961-5

Impression : Lesaffre - Tournai - Belgique

soleilprod.com
Participez à l'aventure !

4

* ENFANT

8

AUTREFOIS, MA MÈRE CONTAIT QUE LES MORGANES ÉTAIENT LES ÊTRES MAGIQUES DU PAYS BRETON. IL Y AVAIT TROIS REINES, L'UNE POUR LA TERRE, L'AUTRE POUR LA MER ET LA TROISIÈME POUR LES VENTS... ET PARFOIS, TRÈS RAREMENT, QUAND NOS DEUX MONDES SE MÊLAIENT...

JE... TU L'AS SENTI TOI AUSSI ?

OUI, AVELINE EST MORTE. C'EST POUR ÇA QUE TU M'AS FAIT VENIR ?

OUI, MAIS JE NE T'AI PAS DEMANDÉ D'AMENER CE TRAÎTRE !

MAN RUZ EST AVEC MOI, MAINTENANT. ET NOUS NE SOMMES PAS ICI POUR PARLER DE ÇA.

OH, MAENNE, C'EST TERRIBLE, NOUS AVONS TUÉ NOTRE SŒUR !

C'ÉTAIT UN ACCIDENT. AVELINE AURAIT DÛ NOUS OBÉIR, C'EST ELLE LA RESPONSABLE.

MAIS POURQUOI REFUSAIT-ELLE DE RÉUNIR LE TRISKELL ? NOUS LUI AVONS PEUT-ÊTRE MAL EXPLIQUÉ.

PAR L'ANKOU ! ENTIER, LE TRISKELL NOUS DONNERA DIX FOIS PLUS DE POUVOIR À TOUTES QUE SI CHACUNE CONSERVE SA PARCELLE. C'EST POURTANT SIMPLE !

TOUT DE MÊME, NOUS N'AURIONS JAMAIS DÛ PRENDRE LES ARMES CONTRE SA CITÉ... JE REGRETTE TELLEMENT !

CESSE DE TE TORTURER, AHÈS ! C'EST MOI QUI LUI AI JETÉ LE SORT FATAL.

MAIS TRÊVE DE PLEURNICHERIES, NOUS DEVONS RÉCUPÉRER LE DERNIER MORCEAU DE TRISKELL.

ET SES CENDRES, MAENNE ! TU IMAGINES SI UN HUMAIN LES RAMASSAIT ?

CE SERAIT ENNUYEUX, CERTES.

MAIS ON PEUT LES LOCALISER. DONNE-MOI TA PART DE TRISKELL. EN L'UTILISANT AVEC LA MIENNE, JE DEVRAIS POUVOIR RESSENTIR LES ONDES DU MORCEAU D'AVELINE.

TU CROIS ? POURVU QUE LA POUSSIÈRE SOIT ENCORE À CÔTÉ !

TU SAIS, JE PENSE QUE...

... JE SUIS L'AÎNÉE, C'EST À MOI DE PRENDRE LES CHOSES EN MAIN.

ÇA NE ME DÉRANGE PAS, JE T'ASSURE.

TU ES GENTILLE, MAIS NE T'INQUIÈTE PAS, JE VAIS TENIR LE COUP. PRÊTE-MOI TON FRAGMENT, QU'ON EN FINISSE.

J'INSISTE. LAISSE-MOI FAIRE ÇA POUR TOI.

QUE SE PASSE-T-IL, MAENNE ? TU AS L'AIR... BIZARRE.

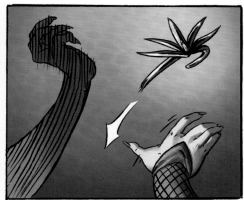

CLING!

JE T'AVAIS PRÉVENUE, AHÈS, ET POURTANT, TU NE TE MONTRES PAS PLUS RAISONNABLE QU'AVELINE.

JOUE-NOUS DONC UN PEU DE MUSIQUE, MAN RUZ !

10

AU BOULOT, LES MORVEUX ! ON EST ARRIVÉS !

HA ! HA ! HA ! LA TÊTE QU'ILS TIRENT, LES CHIARDS !

DORMIREZ DANS LA PORCHERIE. 'Y AVAIT D'AUTRES MÔMES AVANT VOUS. Z'ONT LAISSÉ DES AFFAIRES. POUVEZ LES PRENDRE.

ET ILS SONT DEVENUS QUOI, LES AUTRES ?

Z'ONT PAS PASSÉ L'HIVER. TROP FROID. FAUT ESPÉRER QU'VOUS S'REZ PLUSSE RÉSISTANTS.

DÉPÊCHEZ-VOUS, FAUT PAS RESTER TREMPÉS SINON ON VA ATTRAPER LA MORT. TROUVEZ DES VÊTEMENTS SECS ET CHANGEZ-VOUS.

ILS VONT NOUS FAIRE TRIMER, HEIN, GWEN ?

OH, ÇA OUI. ILS VONT NOUS FAIRE TRIMER.

ET EN EFFET...

MAIS C'EST PÔ VRAI !

JE SUIS DÉSOLÉE, JE...

QUI C'EST QUI M'A FICHU UNE GOURDASSE PAREILLE ?

POUSSE-TOI !

T'Y VOIS ? C'COMME ÇA QUI FAUT QU'T'Y FASSES.

POC !

POC !

POC ! POC !

J'VA M'OCCUPER DES COCHONS, 'Y A INTÉRÊT QU'LE BEURRE Y SOIT BARATTÉ QUAND J'REVIENS.

GNA GNA GNA, VIEILLE PEAU !

POC !

POC !

AAAAAAAAH !!!

ET Y VEUT EN MANGER DES ALGUES, LE P'TIT MERDEUX ?

QU'EST-CE QUI SE PASSE ?

PASQUE C'Y TOUT C'QUE T'Y BOUFFERAS SI T'Y RAMASSES PAS TA PART DE GOÉMON !

YANNICK !

MAINT'NANT, METS-TOI AU TRAVAIL ! ET ARRÊTE C'TE PLEURNICHERIE !

ARRÊTEZ ! LAISSEZ-LE !

IL N'A QUE QUATRE ANS ! VOUS VOYEZ BIEN QU'IL EST TROP PETIT !

L'EST PAS TROP P'TIT POUR NOUS MANGER LA LAINE SU'L'DOS ! ALORS FAUT QU'Y GAGNE SA CROÛTE !

JE FERAI SA PART !

ÇA, TU PEUX PAS. PAR CONTRE, 'Y A P'T'ÊTRE AUT'CHOSE QU'TU PEUX FAIRE... J'ADORE MA SOIZ, MAIS È COMMENCE À PU ÊTRE JEUNETTE, SI T'Y VOIS C'QUE J'VEUX DIRE...

LÂCHEZ-MOI !

GWEN ! ESPÈCE DE P'TITE TRAÎNÉE ! MONTE ICI TOU'D'SUITE !!!

OUI, MADAME ?

LE BEURRE !

TOUT L'BEURRE A DISPARU !

QUOI ? JE NE COMPRENDS PAS ! JE SUIS JUSTE DESCENDUE...

P'TITE CREVURE !

C'EST PEUT-ÊTRE LE CHAT ?

T'MOQUE PAS D'MOI ! ÇA S'TROUVE, C'EST TOI QUI L'AS BÂFRÉ ! MAIS ÇA, TU L'PAIERAS !

MAIS... J'AVAIS LAISSÉ LA BARATTE LÀ, ET...

QU'EST-CE QUE C'EST QUE ÇA... ?

ON DIRAIT DE MINUSCULES TRACES...

LE PENDENTIF ! IL BRILLE !

KESKYA ?

PAR TERRE ! REGARDEZ !

J'VOIS RIN, MAIS S'TU CONTINUES À M'ÉNERVER TU VAS T'EN PREND'UNE !

QU'EST-CE QU'ARRIVE, MA SOIZIC ?

T'VAS PAS L'CROIRE, MON LOÏC, MAIS ON NOUS A VOLÉ TOUT L'BEURRE À CAUZ' D'LA MORVEUSE !

QUOI ?! TOUT L'BEURRE ! BEN, SI C'EST COMME ÇA, Y Z'AURONT RIN CE SOIR, MÊME PAS DES PATATES POURRIES !

LES CROCS DU GÉANT SONT UN ÎLOT PERDU EN ATLANTIQUE. CE SONT, PARAÎT-IL, LES RESTES D'UN MONSTRE MARIN REMONTÉ À LA SURFACE, ATTIRÉ PAR LA LUMIÈRE. LAS, ARRIVÉ LÀ, LES RAYONS DU SOLEIL LE PÉTRIFIÈRENT.

SI JE N'ATTRAPE RIEN, JE VAIS CREVER DE FAIM.

UNE ALGUE... ? BON.

ET DIRE QU'AUTREFOIS JE POUVAIS ORDONNER AUX POISSONS DE ME SAUTER DANS LA MAIN.

SLASH!

FLOC! FLOC FLOH FLOH

VLOUUFFE!

AH! AH! AH!

MA PAUVRE SŒUR, SI TU VOYAIS TA TÊTE !

16

TU ES VENUE ME NARGUER, MAENNE ?

IL Y A UN PEU DE ÇA. MAIS JE SUIS SURTOUT PASSÉE POUR TE NOURRIR, N'EST-CE PAS ADORABLE DE MA PART ?

J'ADORE UTILISER MES NOUVEAUX POUVOIRS ! ILS SONT FORMIDABLES !

LA TERRE ET LA MER T'APPARTIENNENT, MAIS IL TE MANQUE TOUJOURS LA PART DES VENTS !

JE SUIS EN ROUTE POUR LA RÉCUPÉRER. JE L'AI SENTIE VERS LE SUD, PRESQUE À LA FRONTIÈRE...

ADIEU, AHÈS ! LE TRISKELL SERA BIENTÔT COMPLET ET ALORS JE DOMINERAI LA BRETAGNE !

PUISSE TON SANG ROUGIR DANS TES VEINES, MAENNE !

LA FRONTIÈRE... LES MARAIS DE SELS...

C'EST DONC ICI QU'AVELINE SERAIT VENUE MOURIR ? JE ME DEMANDAIS OÙ SES VENTS CHÉRIS AVAIENT PU L'EMPORTER...

JE DÉTESTE LES VOYAGES EN MER ! MAIS IL FAUT AVOUER QUE C'EST PLUS RAPIDE.

LE TRISKELL EST DANS CETTE ZONE. DÈS L'AUBE, NOUS NOUS METTRONS À SA RECHERCHE.

ALORS JE VAIS PROFITER DE CE CRÉPUSCULE.

ENTRE TERRE, CIEL ET MER. C'EST AINSI QUE J'AIME LA BRETAGNE.

T'AURAIS PAS DÛ LAISSER L'BEURRE SANS SURVEILLANCE, GWEN.

OUAIS, Y RISQUAIT RIN, YANNICK !

VOUS PLAIGNEZ PAS, DE TOUTE FAÇON LES COQUILLAGES, C'EST MEILLEUR QUE LES PATATES POURRIES !

PIS FAUDRAIT MIEUX VOUS Y FAIRE, PARCE QU'À MON AVIS ON VA EN MANGER SOUVENT !

SI ÇA CONTINUE COMME ÇA, ON VA BOUFFER DES MOULES CRUES TOUS LES JOURS !

ELLE NOUS FATIGUE AVEC SON FRANGIN !

ATTENDS, J'AI UNE IDÉE.

YANNICK, VIENS ! JE VAIS TE MONTRER COMMENT DÉCROCHER DES COQUILLAGES TOUT SEUL.

FAUT TAPER COMME ÇA ?

TU SAIS, ICI, ILS SONT DIFFICILES À DÉCOLLER. SUR LES PLAGES À CÔTÉ, ILS SONT PLUS MOUS. ÇA SERAIT PLUS FACILE POUR TOI.

SUR LES PLAGES LÀ-BAS ?

OUI, TU DEVRAIS ALLER EN CHERCHER POUR GWEN, ÇA LUI FERAIT PLAISIR.

OH !

EXCUSEZ-MOI...
JE CHERCHE MON PETIT FRÈRE...

VOUS NE DEVRIEZ PAS TRAÎNER SI TARD SOUS LA LUNE, JEUNE DEMOISELLE...

VOUS AVEZ UN FORT JOLI BIJOU. PUIS-JE L'ADMIRER DE PLUS PRÈS ?

UN BIJOU ? NON, JE... JE CHERCHE JUSTE MON PETIT FRÈRE...

JE CROIS POUVOIR VOUS AIDER. MA MUSIQUE ATTIRE FACILEMENT LES ENFANTS...

GWEN ?

YANNICK, TE VOILÀ ENFIN ! ET TU ES TREMPÉ !

MERCI, MONSIEUR, SANS VOUS...

À QUI TU PARLES, GWEN ?

AU MUSICIEN QUI JOUAIT DU BINIOU. MAIS IL EST PARTI, JE CROIS.

J'AI PAS ENTENDU DE MUSIQUE, MOI.

FAIS DE BEAUX RÊVES, PETIT FRÈRE...

TU PARLES D'UN OBJET BIZARRE ! EST-CE QUE C'EST LA PRÉSENCE DE L'AUTRE MONDE QUI LE FAIT BRILLER ?

ET CE MUSICIEN... ÉTAIT-IL SEULEMENT HUMAIN ?

LEVEZ-VOUS, LES MÔMES ! LE DERNIER DEBOUT, IL AURA RIN À DÉJEUNER !

VITE !

POUSSEZ-VOUS !

MAIS... YANNICK ?

DE LA MAGIE ! LE MAGICIEN D'HIER...

YANNICK NE PEUT ÊTRE QUE LÀ, JE LE SENS.

LA SCULPTURE SUR LA FAÇADE RESSEMBLE AU BIJOU D'AVELINE. ELLE M'AVAIT MISE EN GARDE, JE DEVRAIS PEUT-ÊTRE...

GWEEEEEEEEEEEEN...

CE BUGEL* M'HORRIPILE. JE N'AI JAMAIS PU SUPPORTER LES HUMAINS, MAIS LEUR PROGÉNITURE C'EST ENCORE PIRE !

PATIENCE, MAENNE, NOS POUVOIRS SUR L'AUTRE MONDE SONT LIMITÉS.

JE PEUX ATTIRER LES ENFANTS, MAIS LA FILLE EST TROP VIEILLE POUR SE SOUMETTRE À MA MUSIQUE.

ES-TU CERTAIN QU'ELLE VIENDRA ?

ELLE AVAIT L'AIR DE TENIR À SON PETIT FRÈRE, ET SA PART DE TRISKELL L'ATTIRERA JUSQU'À NOUS.

LE TRISKELL N'EST PAS À L'AISE DANS LE MONDE HUMAIN. IL FERA TOUT POUR REJOINDRE CELUI DES FÉES.

TU AS INTÉRÊT À DIRE LA VÉRITÉ, MAN RUZ ! SANS CELA... MA FOI, LES MUSICIENS N'ONT JAMAIS EU BESOIN DE LEURS DEUX YEUX POUR JOUER.

JE TE SUIS FIDÈLE, MAENNE !

*ENFANT

LES TRAÎTRES NE SONT JAMAIS FIDÈLES ! MAIS SOUVIENS-TOI QUE J'AI DAVANTAGE DE POUVOIR QUE TOI, MAN RUZ.

SNIF !

SNIF !

SNIF !

ON DIRAIT QUE NOTRE INVITÉE VIENT D'ARRIVER.

TIENS...

21

23

C'EST INCROYABLE !

KLAC !

DU SABLE.

SSSHH...

FRRRGRRR...!!

AAAAAAAH ! C'EST QUOI, ÇA !?

DAMOISELLE, VEUILLEZ NOUS SUIVRE, JE VOUS PRIE.

COUCHÉ, RAÏK !

FRRRRRR... !!!

VOUS ÊTES ATTENDUE.

C'EST DONC CETTE GUEUSE, LA DÉTENTRICE DE LA PART DES VENTS ?

HOU...

YANNICK, JE SUIS LÀ !

GWEN, J'VEUX PARTIR !

POURQUOI AVEZ-VOUS ENFERMÉ MON FRÈRE ?

ET D'AILLEURS, QUI ÊTES-VOUS ? DES MORGANS ?

TU POSSÈDES UNE CHOSE QUI M'APPARTIENT, HUMAINE. OÙ L'AS-TU MISE ?

MAN RUZ, IL N'Y A RIEN AUTOUR DE SON COU !

LE BIJOU ? C'EST ÇA QUE VOUS CHERCHEZ ? ALORS C'EST VOUS QUI AVEZ TUÉ AVELINE !

CERTES. CETTE PETITE SOTTE ÉTAIT COMPLÈTEMENT BORNÉE !

ELLE M'AVAIT DIT DE ME MÉFIER DE VOUS ! EH BIEN, VOUS NE COMPLÉTEREZ PAS VOTRE TRISKELL DE MALHEUR ! J'AI CACHÉ LA DERNIÈRE PART !

MAIS TU N'AS PAS LE CHOIX, MA PAUVRE FILLE. À MOINS QUE TU NE DÉSIRES VOIR TON FRÈRE DISPARAÎTRE SOUS DES TONNES DE SABLE.

CAR SEULE MA PRÉSENCE TIENT CE CHÂTEAU DEBOUT.

LAISSEZ YANNICK TRANQUILLE, JE VAIS ALLER LE CHERCHER ET JE...

UN INSTANT ! DÈS QUE TU SORTIRAS D'ICI, TU SERAS SOUSTRAITE À MON INFLUENCE.

FAITES APPORTER LE BRASERO.

CLAP !

CLAP !

UN BRASERO ? POUR QUOI FAIRE ?

RRAÄÏK! RAÏÏÏÏK!

25

POUR T'APPOSER LA MARQUE DE L'ENTRE-MONDE, MA CHÈRE ENFANT.

AINSI, OÙ QUE TU AILLES, TU RESTERAS RELIÉE AU MONDE DES FÉES, CE QUI LIMITERA TES CHANCES DE M'ÉCHAPPER.

TENEZ-LA BIEN !

NE FAITES PAS ÇA ! JE VAIS ALLER CHERCHER LE MORCEAU DE TRISKELL, JE VOUS LE PROMETS !

FSHHH...

MAIS J'ESPÈRE BIEN !

NON !

PSHH H H HH...

SHHHH...

GHHHH... !!!

24

MAINTENANT, TU PEUX ALLER RÉCUPÉRER CE QUI M'APPARTIENT. MAN RUZ VA T'ACCOMPAGNER.

N'OUBLIE PAS QUE JE GARDE TON PETIT FRÈRE EN OTAGE, PAS D'ENTOURLOUPE !

GWEN ! T'EN VA PAS !

GWEEEEEEEEN !

BONK!

ET TOI, FERME-LA !

TU VAS POUVOIR MARCHER, JEUNE FILLE ?

OUI... ÇA VA ALLER... JE DOIS SAUVER YANNICK.

OH, TU NE LE REVERRAS SANS DOUTE JAMAIS.

QUOI ?! MAIS ELLE A DIT...

QUELLE NAÏVETÉ !

ELLE N'AURA AUCUNE RAISON DE TE RENDRE TON FRÈRE QUAND ELLE AURA COMPLÉTÉ LE TRISKELL.

ELLE LE DONNERA À UNE MORGANE PLUS MATERNELLE QU'ELLE. QUANT À TOI, TU DEVIENDRAS UNE ESCLAVE QUELCONQUE.

POURQUOI VOUS ME DITES ÇA ?

27

C'EST COMPLIQUÉ, PETITE FILLE. MAENNE NE DOIT PAS RECONSTITUER LE TRISKELL.

NOS DEUX MONDES SE MÊLERAIENT ALORS ET ELLE RECEVRAIT UNE PUISSANCE HORS DU COMMUN. ÇA NE DOIT PAS ARRIVER.

NOUS DEVONS NOUS ENFUIR MAINTENANT, FAIS-MOI CONFIANCE.

ET POURQUOI ÇA ? C'EST BIEN TOI QUI ME TENAIS QUAND ELLE M'A BRÛLÉE ?

JE N'AVAIS PAS LE CHOIX ! MAENNE EST TROP PUISSANTE POUR QUE JE L'AFFRONTE DIRECTEMENT.

PEUT-ÊTRE...

MAIS, MOI NON PLUS, JE N'AI PAS LE CHOIX. JE RAMÈNERAI CE MORCEAU. IL FAUT QUE JE RETROUVE YANNICK.

MA DOUÉ, C'EST LA GWEN QU'EST LÀ-BAS !

L'A RÉAPPARU, CELLE-LÀ ?

OUÉ, ET EN GALANTE COMPAGNIE, ON DIRAIT !

'PERD PAS DE TEMPS, CETTE GROGNASSE ! DÉJÀ L'SANG CHAUD À SON ÂGE !

MAIS J'VAS T'LUI COLLER MON SABOT AU CUL, MOI !

29

C'EST TOI QUI...

NON. C'ÉTAIT LE POUVOIR DU TRISKELL.

JE NE COMPRENDS PAS. LES HUMAINS NE PEUVENT PAS S'EN SERVIR, NORMALEMENT !

C'EST ÉTRANGE. SI TU ÉTAIS UN CHANGELIN, UNE FÉE ABANDONNÉE PARMI LES HUMAINS, JE LE SENTIRAIS... MAIS...

TA BRÛLURE !

ELLE EST DEVENUE BLEUE !

HA ! HA ! HA ! HA !

QUOI ? QU'EST-CE QU'IL SE PASSE ?

PARDON, MAIS C'EST TROP DRÔLE ! EN VOULANT TE SOUMETTRE À SON CONTRÔLE, MAENNE T'A DONNÉ LE POUVOIR DE LUTTER CONTRE ELLE !

JE NE COMPRENDS RIEN !

LA MARQUE TE MAINTIENT DANS LE MONDE DES FÉES. ALORS MAINTENANT, TOI AUSSI TU ES UNE SORTE DE MORGANE !

ÇA VEUT DIRE QUE JE PEUX ME SERVIR DU TRISKELL ?

EH BIEN... PLUS OU MOINS. EN VÉRITÉ, ÇA DÉPEND BEAUCOUP DE LA VOLONTÉ DES VENTS.

CETTE MARQUE APPOSÉE AUX HUMAINS LES OBLIGE À SE SOUMETTRE AUX LOIS DE NOTRE MONDE.

MAIS BIEN SÛR, ILS RESTENT NOS INFÉRIEURS LEUR VIE DURANT, CAR NOUS NE LEUR APPRENONS AUCUN SORTILÈGE.

JE VOIS. MAENNE N'AVAIT PAS PENSÉ QU'UN OBJET DE POUVOIR POURRAIT CHANGER CELA...

MAIS ALORS, JE PEUX LA COMBATTRE...

MAENNE VA REGRETTER DE S'EN ÊTRE PRISE À MA FAMILLE ! SON FOUTU CHÂTEAU VA ME RENDRE MON FRÈRE !

GWEN, ATTENDS...

NE FAIS PAS ÇA ! TU NE SAIS PAS UTILISER LE TRISKELL ET MAENNE EST BIEN PLUS FORTE QUE TOI !

SERS MA CAUSE, TRISKELL ! ET AIDE-MOI À SAUVER MON FRÈRE !

C'EST ÉTRANGE. JE SENS... COMME UNE PERTURBATION.

KRRRRRR...!

C'EST IMPOSSIBLE !

IIIIIIIIHHH !!!

31

MON CHÂTEAU...

GWEN !

TOI ?!?

OUI, MOI. ÇA T'APPRENDRA À BRÛLER LES GENS, MORGANE !

TRAÎTRE ! TOUT EST DE TA FAUTE, MAN RUZ !

OUI... ENFIN, JE VEUX DIRE NON... BON, J'AI PAS FAIT EXPRÈS, D'ACCORD ?

PAUVRE PETITE CHOSE ! TU T'IMAGINES POUVOIR ME BATTRE AVEC UN COURANT D'AIR ?

LAISSE-MOI TE MONTRER COMMENT ON TRAITE AVEC LES ÉLÉMENTS.

LA TERRE TREMBLE ?

JE M'ENFONCE !

HA HA HA! VA DONC ME CHERCHER DES COQUILLAGES, SOUS LE SABLE !

BROOOOOOO......

LES MORGANS SONT DE SORTIE AUJOURD'HUI ET C'EST PAS BON SIGNE. MÊME QUE LA SOIZ, ELLE EN EST TOUTE RETOURNÉE.

ALORS PENDANT LE DÉJEUNER, CUI QU'A LE MOINS TRAVAILLÉ CE MATIN, Y VA PRIER POUR LES Z'AUT'. ET CUI-LÀ, Y MANGERA PAS.

ALORS C'EST QUI ? N'HÉSITEZ PAS À DÉNONCER VOS AMIS.

AAAAAAAAAAH !!

MALHORU, ÇA LEUR FAIT JAMAIS PLAISIR DE SAUTER UN REPAS, MAIS C'EST LA PREMIÈRE FOIS QU'ILS LE PRENNENT AUSSI MAL.

GWEN, TU DOIS UTILISER LE TRISKELL, VITE !

JE...

... JE NE SAIS PAS COMMENT FAIRE !!!

À MOINS QUE...

WLARTCHII

JE... C'EST ÉPUISANT, JE VAIS CRAQUER...

ALORS NOUS SOMMES MORTS.

ELLE SE DÉFEND BIEN, LA CHIFFONNIÈRE. À TON AVIS, RAÏK, COMBIEN DE TEMPS VONT-ILS POUVOIR TENIR ?

UN GOÉLAND GÉANT !

BLOUF !

ACCROCHE-TOI À MOI, GWEN !

SLASH !

YANNICK ! NON !!!

35

YANNICK A CRIÉ. DIS AU GOÉLAND DE SE POSER !

JE NE PEUX PAS, C'EST LUI QUI DÉCIDE !

FLAP! FLAP! FLAP!

UNE HERMINE... ?

OÙ EST YANNICK ?

CE SERAIT LUI ? CE SERAIT MON FRÈRE ? COMMENT CELA A-T-IL PU ARRIVER ?

MiiiiiP!

C'EST ENCORE UN SORTILÈGE DE MAENNE. MAIS TANT MIEUX !

TANT MIEUX ?!

LA CAGE EST FERMÉE À CLEF ET SANS CE SORT, TON PETIT FRÈRE N'AURAIT JAMAIS PU PASSER À TRAVERS LES BARREAUX.

TU AURAIS EU DU MAL À LE NOURRIR ET IL AURAIT FINI PAR MOURIR ÉTOUFFÉ DANS SA CAGE ET DANS SA CRASSE !

TOI QUI ES MAGICIEN, TU NE PEUX PAS INVERSER LA MÉTAMORPHOSE ?

CE N'EST PAS DANS MES CORDES. EN REVANCHE, LES VENTS SONT PUISSANTS...

TU N'AVAIS PAS APPELÉ CE GOÉLAND, N'EST-CE PAS ?

NON.

ALORS, CE SONT LES VENTS QUI NOUS L'ONT ENVOYÉ. ILS SONT DE NOTRE CÔTÉ.

NORMALEMENT, J'AI LE POUVOIR DE LES APPELER, MAIS PAS AVEC UN BINIOU FICHU.

NOUS NE SAVONS PAS OÙ NOUS SOMMES, MAN RUZ ! TU NE CROIS PAS QU'ON DEVRAIT ESSAYER DE SE REPÉRER, D'ABORD ?

IL ME FAUT UNE COUTURIÈRE. ELLES DOIVENT POUSSER, DANS LE COIN.

EN ROUTE.

HEIN ?!

SÛREMENT PAS. NOUS SOMMES EN TERRE KORRIGANE ET CE GOÉLAND N'ÉTAIT PAS TRÈS DISCRET. IL FAUT S'ÉLOIGNER D'ICI.

ET TROUVER UN ARBRE QUI BRILLE.

QUI BRILLE ?

OUI, OUVRE L'ŒIL.

¡¡¡ÏÏÏK !

YANNICK ! OÙ VAS-TU ?

YANNIIIICK !!!

¡¡ÏÏK !

YANNICK, REVIENS ICI TOUT DE SUITE OU TU AURAS UNE FESSÉE !

LE VOILÀ ! IL NOUS ATTEND !

YANNICK, RESTE ICI !

LA NUIT TOMBE, ON VA LE PERDRE.

ííïK!

LÀ-BAS !

TU ES TERRIBLE, POURQUOI T'ES-TU ÉCHAPPÉ ?

TU NE DEVRAIS PAS... HMMM !

CHHHT !

IL NE S'ENFUYAIT PAS, IL NOUS MONTRAIT LE CHEMIN. REGARDE.

C'EST UN ARBRE À FÉES.

J'EN AI BESOIN POUR RECOUDRE MON BINIOU.

MAIS IL FAUT QU'ON ATTRAPE UN COCON.

SCRITCH!

LES FÉES SONT TROP RAPIDES UNE FOIS QU'ELLES ONT ÉCLOS.

41

IL N'AIME PAS L'EAU...

GAGNER DU TEMPS.

ROAAAAAR!

SPLASH!

DIS DONC, TU SAIS QUE PENDANT QUE TU ME COURS APRÈS, MON COMPLICE DÉVALISE TON ARBRE ?

GRUMPF?

ET VOILÀ, PLEIN DE DENTS, MAIS PAS BEAUCOUP DE CERVEAU... J'ESPÈRE QUE GWEN A FICHU LE CAMP SINON TANT PIS POUR ELLE.

RÖÖÖ

C'EST GENTIL DE T'INQUIÉTER DE MOI COMME ÇA ! J'AI FAILLI ME FAIRE DÉVORER !

PLUS TARD, LES DISPUTES. IL FAUT TROUVER COMMENT OUVRIR LE COCON.

PARCE QUE TU NE SAIS PAS ?

NORMALEMENT, ILS SONT CENSÉS ÉCLORE SUR L'ARBRE, SINON ILS MEURENT... MAIS JE CROIS QUE J'EN AI PRIS UN À MATURITÉ.

ILS MEURENT ? OH, NON !

LES FÉES SONT RALLIÉES AU VENT. ESSAIE DE L'OUVRIR EN UTILISANT TA PART DE TRISKELL.

ÇA NE MARCHE PAS...

ALORS NOUS AVONS FAIT TOUT CELA POUR RIEN. LAISSE CE COCON, IL VA POURRIR, MAINTENANT.

PAUVRE PETITE FÉE ! JE SUIS TELLEMENT DÉSOLÉE...

B'z !

SCRITCH !

MAIS...

HI HI ! MON BAISER L'A RÉVEILLÉE !

GLING !

CRING !

CELING !

JE CROIS QU'ELLE M'AIME BIEN.

FORMIDABLE. ALORS DEMANDE-LUI DE RECOUDRE MON BINIOU, MAINTENANT.

ELLE VIENT JUSTE DE NAÎTRE ! FAIS-LE TOI-MÊME !

JE VOUDRAIS BIEN, MAIS SEULS DES DOIGTS DE FÉE EN SONT CAPABLES. ET PUIS, REGARDE, ELLE S'EST DÉJÀ MISE AU TRAVAIL !

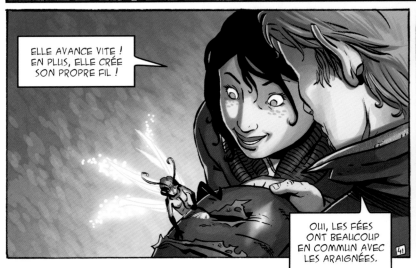

ELLE AVANCE VITE ! EN PLUS, ELLE CRÉE SON PROPRE FIL !

OUI, LES FÉES ONT BEAUCOUP EN COMMUN AVEC LES ARAIGNÉES.

PAR CONTRE, ELLES NE PEUVENT PAS S'EMPÊCHER DE BRODER DES NIAISERIES ! TSS !

43

45

BEN VOYONS ! C'EST SANS DOUTE POUR ÇA QUE J'AI FAILLI M'ÉCRASER COMME UNE CRÊPE !

ILS T'ONT OFFERT LA ROBE DE CÉRÉMONIE D'AVELINE.

NE FAIS PAS CETTE TÊTE, ELLE TE VA TRÈS BIEN.

LES VENTS ONT DIT QUE JE DEVAIS TROUVER LEUR CITÉ POUR PRENDRE LA PLACE D'AVELINE.

ÇA VA ÊTRE TRÈS DIFFICILE. LA CITÉ SE DÉPLACE TOUT LE TEMPS.

PAUVRE AVELINE ! AVEC TOUT ÇA, JE N'AI MÊME PAS EU LE TEMPS DE M'OCCUPER DE SES CENDRES.

TU POSSÈDES LES CENDRES D'AVELINE ?! MAIS ALORS CELA NOUS CONFÈRE UN POUVOIR ÉNORME !

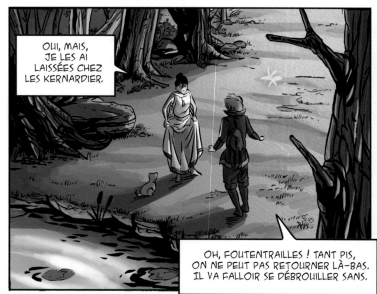

OUI, MAIS, JE LES AI LAISSÉES CHEZ LES KERNARDIER.

OH, FOUTENTRAILLES ! TANT PIS, ON NE PEUT PAS RETOURNER LÀ-BAS. IL VA FALLOIR SE DÉBROUILLER SANS.

DIS DONC, TU VEUX PAS DEMANDER À TA COPINE LA FÉE DE PARTIR, MAINTENANT ? ELLE EST COLLANTE.

LES VENTS ONT PARLÉ DE ROCHES ROSES.

ALLEZ, LE PREMIER QUI LUI TROUVE UN JOLI NOM A GAGNÉ !

PAS QUESTION, ELLE EST TROP MIGNONNE !